사랑하는 네가 있기에

시에시선 **100**

사랑하는 네가 있기에

정세훈 시집

詩와에세이

시인의 말

  어쨌든, 나의 시편들엔 나의 진한 눈물이 배어 있다. 나의 진한 눈물로 지었기 때문이다. 이는 나를, 시 짓는 길로 인도하신 예수 그리스도로부터 가르침 받은, 이웃은 물론 천지간 만물에 대한 사랑법에 따르기 위한 것이다. 시를 짓기 시작한 이후 철칙으로 지켜왔다. 이번 시집도 그 시편들을 담아 펴낸다.

2025년 가을
정세훈

차례__

시인의 말 · 05

제1부

천적 · 13
목구멍으로 우는 눈물 · 14
삶 · 16
내 유골 뼛가루 뿌려지듯 · 17
구름 낀 하늘을 보면 · 18
엉킨 맘 · 19
풍선 불기 · 20
알몸으로 · 22
만들어진 사냥터 · 24
야생화 · 25
밤 풍경이 보이네 · 26
배추 더미 · 28

제2부

세상이 안쓰러운 먼 산처럼 · 31
모자(母子) 저녁 겸상 · 32
나의 동네 골목 어귀 · 34
새로운 혁명의 시를 쓴다 · 36
이제, 나는 불평등과 맞서 싸운다 · 38
몸의 무늬 · 40
조용한 날 · 41
빈터 · 42
삭정이 · 44
어떻게 돌아가는 세상이길래 · 46
아무것도 아닌 것 · 47
야생화가 말하네 · 48

제3부

그 봄을 살펴보았더니 · 53
때 이른 봄날 · 54
뿌리 깊은 돌멩이 · 56
저산지대 · 57
별들이 비에 젖어 있구나 · 58
그녀는 감정 노동자 · 59
병든 꽃 늙은 꽃 · 60
낙엽 · 62
화초 · 63
오월 찔레꽃 · 64
내 영혼에 낙엽 지는데 · 66
그대에게로 가는 길 · 68

제4부

저 하늘만큼 가난하자 · 73
사랑하는 네가 있기에 · 74
밖 · 75
겨울 암자로 가는 길 · 76
별빛을 바라보는 그대에게 · 78
하루 · 79
입추 지나 말복 무렵 · 80
오월 · 83
섣달그믐 밤 · 84
하찮은 이슬비 · 86
헛간 · 88
칠십 년 · 89

시인의 산문 · 91

제1부

천적

왕잠자리와 개구리가
연못에서 함께 살아가고 있다
서로 자신을
상대에게 먹이로 주면서

올챙이를 먹으며
우화된 왕잠자리
성충이 되어
개구리의 먹이가 된다

천적 관계
왕잠자리와 개구리가
서로 자신을
먹이로 주고 먹이로 먹으며

연못을,
함께 일구어 가고 있다

목구멍으로 우는 눈물

눈으로 흘리는 눈물은
주체할 수 있어도
목구멍으로 흘리는 눈물은
주체할 수 없다

눈에서 나오는 눈물은
멈출 수 있어도
목구멍에서 나오는 눈물은
멈출 수 없다

눈으로 우는 눈물은
소리 내어 울 수 있어도
목구멍으로 우는 눈물은
소리 내어 울 수 없다

딸과 아들은 부모가 죽었을 때
눈으로 울지만
어미와 아비는 자식이 죽었을 때

목구멍으로 운다

하늘이 목구멍으로
우는 눈물로
땅이 목구멍으로
우는 눈물로

오늘도, 나는 살아간다

삶

하늘에서 고독을 보았네
대지에서 고난을 보았네

하늘의 고독으로
대지의 고난으로
나는 살았네

하늘의 고독이
대지의 고난이
내 생을 행복하게 하였네

내 유골 뼛가루 뿌려지듯

나 죽어
내 유골 뼛가루

뿌려지면 좋겠다고
눈여겨보아 둔 곳에

내 유골 뼛가루 뿌려지듯
풀씨를 뿌린다

아름답고 예쁜 풀꽃
함빡 피우길

간절히 기도하며
풀씨를 뿌린다

구름 낀 하늘을 보면

구름 낀 하늘을 보면
좋은 일이 생길 것만 같다

내 어깨 위로 쉼 없이 눌려오는
생의 짐

풀어지어
내 골수 깊은 곳에서 떠나갈 듯

구름 걷히는 일이
생길 것만 같다

엉킨 맘

고개 들어
하늘을 바라보자니
어디로들 가는 것일까

흰 구름
먹구름
한데 잘도 엉켜 간다

어디로 가든지
저리 엉킨 맘 변치 말고
서로 잘 가야 할 텐데

풍선 불기

풍선을
입에 대고
입김을 불어 넣는다

풍선이
동그랗게
부풀어 오른다

불어 넣는 대로
부푸는 모양이 재미있어
자꾸만 불어 넣는다

풍선이
견디다 못해
그만 터져 버렸다

터진, 파편들이
내 얼굴 위로

달겨들었다

알몸으로

밤에는
공장에서
진땀 흘리고

낮에는
단칸방에서
식은땀 흘렸지

흘린 만큼
야위어 가는
내 작은 몸뚱어리

땀 팔아
땅을 사자 했지
집도 한 채 사자 했지

세안용 수건
한 장

등 맞추어 깔아 놓고

알몸으로 잠을 청한 대낮

만들어진 사냥터

만들어진 사냥터엔
사육된 사냥감들이 살아간다
몰이꾼을 위해서
언제든 포위되고
사냥꾼을 위해서
언제든 죽어주는
사육된 사냥감들이 살아간다

사냥감이라는
사실도 모르는 사냥감들이

그저,
피둥피둥 살찌며 살아간다

야생화

아직도
근심 걱정이 많은가 보다

깊은 산중에 뿌려 놓은
너의 향기가
이토록 짙은 걸 보니

밤 풍경이 보이네

해는 중천인데
밤 풍경이 보이네

별빛도 없고
달빛도 없는

막막한
밤 풍경이 보이네

살아 보겠다고
한 번 살아 보겠다고

허리띠 졸라매던
젊디젊은 맞벌이 부부

눅눅한 반지하 셋방
먹어 들어온

야금야금
먹어 들어온

도적 같은
취사용 가스에

채 피어 보지도 못한
어린 자식들과 함께

하루 밤새 죽어 간
변두리 달동네 으슥한 뒷골목

해는 중천인데
밤 풍경이 보이네

배추 더미

빚더미를
떠안고

무더기로
시장에 나왔다

풀을 뽑아주고
물을 주고
솎아주고
매만져 준

농부의 시름 가득한
배추 더미

제2부

세상이 안쓰러운 먼 산처럼

세상이 안쓰러워
먼 산이 온몸으로 말하네
때로는 산기슭 메이도록
물안개 끌어안고
때로는 산봉우리 잠기도록
흰 구름 도닥이며
이런저런 만감에
비에 젖고 눈에 덮이며
급기야 화산이 되네

라고 시를 쓰면

세상은 이 시를
어린아이 같은 것이라 할까
동시라고 할까
그런 시가 되었으면 좋겠네

세상이 안쓰러운 먼 산처럼

모자(母子) 저녁 겸상

내 어머니 연세 올해 아흔여덟
내 올해 나이는 칠십
내 어머니 이미 생을 마감하시고
나는 이제 노년

내 어머니 오늘 마주한
나와의 저녁 겸상에서
반찬 그릇들을 자꾸
내 앞으로 밀어 주신다

그냥 놔두어도 충분히
거리가 닿고도 남을 반찬 그릇들을

내 어머니와 나
이 저녁 마주한 겸상에서
서로가 아무 말씀
아무 말 없이도

내 어머니 생을 마감한 지 십삼 년 된
내 엄마 되시고
나는 올해 나이 일흔이 된
내 엄마의 아기가 된다

나의 동네 골목 어귀

영세한 공장 따라 떠도는 몸
인천시 청천동 방 한 칸에
처자식 두고

군포에서 김포로
김포에서 의정부로
나 홀로 떠돌았네

울산으로 이사 가는 공장을
따라가야만 하나
고민고민하면서

모처럼 찾아든
내 집 없이 만들어진
나의 동네 골목 어귀

그 옛날이 되어 버린 이태 전
열심히 기도하던 교회 앞에서

전도사님 집사님 마주쳤네

왜 교회에 안 나오느냐는
다시 옛 신앙을 찾으라는
나 하고는 아주 먼 말씀들

추적추적 끈덕지게
등허리에 달라붙는
나의 동네 골목 어귀

새로운 혁명의 시를 쓴다

굳건했던 진지가 사라졌다
'노동'과 '민중'이 사라졌다

분함과 고통이 없는 패배와
희열과 환희가 없는 승리가
서로 뒤엉켜 버렸다

치료받지 못한 상처들
실패한 혁명의 종언이
배설한 후일담에
현혹되고 열광하고

섣부른 위로와 치유에 매몰된
경계와 긴장이
안정과 평온을 찾아 나선
공허하고 삭막한 전선이여!

사라진 진지에

노동과 민중보다
더욱 굳건한
'평등'의 진지를 구축하여

패배와 승리가 뒤엉킨
느슨해진 경계와 긴장을
전복해 버리는
새로운 혁명의 시를 쓴다

'불평등'이 '평등'을
쟁취하는 긴박한 혁명의 시를

이제, 나는 불평등과 맞서 싸운다

NL*이니 PD*니
그런 거 관심 없다

반미 반제 민족 자주 통일
그런 거 관심 없다

노동 해방 매판자본 축출
그런 거 관심 없다

이제,
나는 불평등과 맞서 싸운다

부당 정리 해고 위장 폐업
자본의 횡포에

유린당하는 노동이
자본과 평등한 힘을 구축할 때까지

차별받는 비정규직이
정규직과 평등한 대우를 받을 때까지

*NL: 민족 해방 민중 민주주의(National Liberation). 대한민국을 '미국의 식민지' 개념으로 인식하고, 북한을 '자주적인 독립 국가'로 규정하고 있다. 최근 들어 이 개념에서 좀 더 완화된 개념을 차용하고 있다. 민족주의를 가장 먼저 내세우다 보니, 극단적인 국수주의와 가까운 우익과도 통할 여지가 있어 전향해서 뉴라이트가 된 경우도 많다. 북한의 '주체사상'이나 남한 독재 정권의 '한국적민주주의'와 방식이 비슷하다.
*PD: 인민 민주주의(People's Democracy). 기존의 '만국의 노동자의 일치단결'을 통한 공산주의 혁명을 주장하는 사해 시민주의 사상. 남미로 옮겨가면서 독자적인 사회주의 이론(종속 이론 등)을 발전시켰다. 이 계통의 이론을 실천한 대표적인 사람으로 체 게바라가 있다.

몸의 무늬

몸의 무늬를 본다

소생하거나
범람하거나
바닥을 보이거나
소멸하거나

온 산천이,
비가
몸으로 만든
무늬로 물들어 가는 날

나 살아오면서
이 세상에 물들여 놓은
내 몸의 무늬를
들여다본다

조용한 날

이제는 옛 기억으로 남은
녹슨 어릴 적
구부러진 조선낫 한 자루
아련히 떠올리고
'ㄱ'이었던가
'ㄴ'이었던가
곰곰이 생각해 보네

빈터

살다 보니
지내 놓고 보니
진정 그러는 게 아니었다고
네 곁을 떠난 지 오십 년 가까이 되어서야
나 사랑을 고백하네

다시는 되돌아오지 않을 것이라고
다시는 생각하지도 않을 것이라고
다시는 보고 싶어하지도 않을 것이라고
천지간 원수처럼 잊어버리고야 말 것이라고
기어이 그렇게 너를 벗어나 툭툭 털고
새롭게 새롭게 살아갈 것이라고
눈물 젖어 눈물 젖어 떠났던
나 오늘 네 곁으로 돌아왔네

탄(炭) 물 밴 아버지 고된 작업복
외롭게 벗어놓던 음습한 토방,
가슴앓이 병든 어머니

아편 주사 맞던 한 평 크기 누추한 안방,
언제나 지는 해 그림자 안타깝던 나
함께 따라 돌던 추녀 밑,
안쓰러워 안쓰러워 스러지고 스러지던
초가삼간 어린 나의 가난한 집이여!

정말 사랑했다고
지금도 사랑하고 있다고
케케묵은 그 사랑 고백하러
나 오늘 너를 다시 찾아왔네

이제 빈터가 되어 버린,

삭정이

공돌이라 불리던 나이 팔팔하던 한때
약 한 봉지 아니 먹고도
고춧가루 푼 콩나물국에 소주 한 잔으로도
거뜬히 물리쳤던 감기몸살이
그만 폐병이라는 진폐증으로 도지고 말았네

어린 나이 때부터
몸을 제대로 돌보지 않고
마구 부려 먹은 탓이라 하는
약을 너무 많이 먹어 약발이 서지 않는다 하는
어디 공기 좋은 곳에 가서 한동안 쉬어 보라 하는
의사 말을 따라
큰맘 먹고 찾아온 벽촌의 외진 민가

이른 새벽
맑은 공기 벗 삼아 뜰 안을 벗어나자니
마당가 고송 삭정이 하나
제풀에 뚝 부러져 내리네

제풀에 부러진 발치 끝 삭정이 주워
이 모양새 저 모양새 살펴보자니
진기 하나 없는 삭은 몸통
숭숭 뚫린 작은 구멍 사이로

공돌이라 불리던 나이 팔팔한 한때 같은
민가 아래 다랑 논배미
잎 푸른 벼들!
성큼성큼 다가오네

어떻게 돌아가는 세상이길래

어떻게 돌아가는 세상이길래

도대체
돈 없어 쩔쩔매다가도
술 한잔 걸치면
부러울 게 없고,

술 한잔
못 걸치게 되더라도
수중에
돈 한 푼 쥐고 있으면

부러울 게 없는 거지?

아무것도 아닌 것

내 나이 칠십이 넘도록

살아오면서
아무것도 아닌 것
보잘것없는 것이

되지 못했다

야생화가 말하네

아름답다고 말하지 말라
예쁘다고 말하지 말라

함부로
꽃이라고 부르지 말라

아름답다며
예쁘다며

나를 꺾어
꽃병에 꽂는 자여

나는
그대의 꽃이 아니다

홀로 피는
야생화라 말하지 말라

나는,

하늘의 벗이다
대지의 벗이다

우주 삼라만상의
벗이다

제3부

그 봄을 살펴보았더니

활짝 핀 꽃
그 그늘 밑에
피지 못한 꽃들이
죽어 있더라

꽃이 피는
봄이라 하여
그 봄을
살펴보았더니

피지 못한 채
그냥
죽어 있는 꽃들이
너무너무 많더라

때 이른 봄날

접동새 앉았다 날아간 종달새 둥지에
접동새 알 하나 더해지고
대신
종달새 알 하나 없어졌다

어찌해 종달새 알보다
접동새 알이 먼저 부화된단 말인가
양모(養母)는 자신보다 몇 배나 큰
몸집을 먹여 살리느라 뼈 빠지는데

부화된 접동새
양모의 알을 모조리 밀어낸다
종달새 둥지를
독차지한다

끝내 복직되지 못한 정리 해고 노동자
막막한 생 끌어안고
목을 매단

때 이른 봄날

뿌리 깊은 돌멩이

그 생김새가 아주 작고
볼품이 없는 것이어서
금방 어떻게 될 것처럼
보이는 것일지라도

뿌리 깊은 돌멩이는

쉽게, 뽑힘을 당하지 않는다
쉽게, 굴림을 당하지 않는다

제아무리 세찬 빗줄기라 해도
제아무리 거센 바람이라 해도

저산지대

저산지대에서 주름잡고 있는
야트막한 산일수록
재목감이 될 만한 나무가 별로 없다
그저 쓸데없는 가지들만
이쪽저쪽으로 늘어놓은
올곧지 못한 나무들 세상이다
그리하여
저산지대 야트막한 산은
오늘도 번잡스럽기만 하다

지나쳐 가는,
저 미약한 바람에서조차

별들이 비에 젖어 있구나

별들이
비에 젖어 있구나
별들이
비에 젖어 있구나

저 하늘 높이 높이
반짝이고 있어야 할
별들이
비에 젖어 있구나

네온 불빛 빗물처럼 쏟아지는 이 밤

비 내리는 노점 거리
노점상이 되어
별들이
비에 젖어 있구나

하늘엔, 별똥조차 보이지 않고

그녀는 감정 노동자

외칩니다

집에서 가족이 불러도
친구의 전화에도
꿈속에서도

"예! 고객님!"

전화 상담원
그녀는 감정 노동자

병든 꽃 늙은 꽃

이렇게
볼 수 있다는 것이
꿈만 같아

옛날보다 더
마음을 설레게 해 주어
눈물겨워

오랜 세월 가슴에
고이 담아 두었던 것이
헛되지 않아
감사해

산야에 눈보라 친다
치는 눈보라에 꽃망울 맺는다
들판에 비바람 친다
치는 비바람에 꽃이 핀다
앞뜰에 싸리꽃

뫼 넘어 눈보라 부른다
뒤뜰에 찔레꽃
재 넘어 비바람 부른다

낙엽

"이제, 다 이루었다."

지상으로,
스스로
제 몸
부리는
호탕한 웃음

"으 하 하 하 하!"

화초

화분에 심겨졌지만,

대지의 삶을 포기하지 않은
화초

화분이 감당하지 못할 정도로
자라고 자라

화분에 금이 가게 하고 있네

오월 찔레꽃

찔레꽃 흐드러진 오월이 오면
망월동 무덤가에
소주 한 잔 부어 놓고
말없이 돌아서던 한 사내여

그대는 이제 중환자실 병상에 누워
하얗게 죽어 가는 뇌종양의 중환자

병상 창밖 찔레꽃 꽃잎
오월 비에 젖어 하얗게 떨어지고
머리를 풀어 헤친 오월 바람이
세상의 허다한 꽃잎들을 흔들며
저물녘 산야로
실금실금 불어갑니다

그러나
나는 묻지 않겠습니다

어찌하여
병상 창밖 찔레꽃 꽃잎이
오월 비에 젖어 하얗게 떨어지고
머리를 풀어 헤친 오월 바람이
세상의 허다한 꽃잎들을 흔들며
저물녘 산야로
실금실금 불어 가는 것이냐고

울지 마라 바보같이 울지 마라
울먹이며,

내 영혼에 낙엽 지는데

사랑의 날들은 떠나가고
내 영혼에 낙엽 지는데
이렇게 내가 흘러가도 되는 것인지
문득
내 그대 돌아봅니다

그대의 처음이 어디인지
내 처음이 어디인지
그런 처음은 이제
내게 중요하지 아니하오

내가 아직도
내 그대 돌아봄은
세월의 변주곡으로
뒤엉켜 흘러온
우리들
저 영혼의 아귀다툼이
한낱 흘러가기 위해

뒤엉키는 것이 아니라는 생각에서요

돌아보면 뒤따라오는 듯
앞서가는 그대여
이렇게 내가 흘러가도 되는 것인지
문득
내 그대 돌아봅니다

사랑의 날들은 떠나가고
내 영혼에 낙엽 지는데

그대에게로 가는 길

이 길은 그대에게로 가는 길
구적구적 비가 오는 길
이 길은 그대에게로 가는 길
질척질척 눈이 오는 길

사랑한다 사랑한다 말없이
비를 뿌리며 눈을 날리며
산 넘고 물 건너
하루에 골백번 다녀온 길

미안하다 미안하다 말없이
가슴 조이며 마음조이며
가다가 오다가
수없이 비틀비틀 쓰러진 길

천지간을 맴돌다 온 바람
길 위에 나뒹구는
한 알 햇살 없이도

한달음 그대에게로 달려가

소르르 안기고 싶은 길

제4부

저 하늘만큼 가난하자

저 하늘만큼
가난하자

가난하여서
한없이 넓고 깊은
시작도 없고
끝도 없는

가난하여서
해와 구름
달과 별
품어줄 수 있는

저 하늘만큼
가난하자

가진 것이 많은
내 눈이여!

사랑하는 네가 있기에

사랑하는 네가 있기에

나는
추울 때
춥다고
말할 수 있다

밖

외로운 이는
밖을 본다

쓸쓸한 이는
밖을 본다

아픈 이는
밖을 본다

겨울 암자로 가는 길

없는 듯 있는 듯
끊어질 듯 이어질 듯
가는 길을,

무성한 잡초에 내어 주기도 했다가
접동새 둥지로 내어 주기도 했다가
잔돌부리에 내어 주기도 했다가
절벽 위 노송 뿌리에 내어 주기도 했다가
이끼 낀 넓적바위에 내어 주기도 했다가
낙엽 뜬 계곡물에 내어 주기도 했다가

허다한 날들을
아련하게
까마득히
스미고 번져갔을 어느 발길

천상에 닿을 듯
내려

쌓이는 눈발에게
그 모든 길을 내어 주고 있다

생의 자락에서
단 한 번도 떠나보내지 못한
인연을,
소복소복 묻고 있다

별빛을 바라보는 그대에게

별빛을 바라보는 그대에게
한 편의 시(詩)를 보낸다

별자리 가운데 가장 밝은 항성
태양계에서 가장 가까이 있는 별은
빛이 4년 3개월간 쉴 새 없이 달려가야
다다를 수 있는 곳에 있단다
그 이름이 어찌 붙여져 있는지는 모르지만
센타우르스 자리의 '알파별'이라 한다지

그대가 오늘 밤 정갈한 맘으로
영롱하게 바라보고 있는 저 별들은
적어도 4년 3개월 전 과거의 모습

현재의 모습도 저와 같을까?

하늘의 시각(時刻) 안에 고이 나를 담아
먼 훗날 별빛이 되어 그대에게 다다르겠노라고

하루

오늘 한 끼니로 하루를 때웠다 말하지 않겠습니다
오늘 하루 종일 한 끼니도 못 때운 이가 있습니다

오늘 한 끼 식사를 물 말아 먹었다 말하지 않겠습니다
오늘 하루해 저물도록 물로 배를 채운 이가 있습니다

오늘 하루 세 끼 식사
모두를 챙겨 먹은 이가 있겠습니다만

그 세 끼 식사
진수성찬으로 차려 먹은 이가 있겠습니다만

입추 지나 말복 무렵

1
불경불법(佛經佛法)에 따르면
적의(赤衣)란
남쪽을 지키며 모든 악귀를 물리치는
군다리명왕(軍茶利明王)에게 수법(修法)할 때에
불타(佛陀)의 법문 다라니를 외우는 진언종(眞言宗)의
중이 입던 붉은 옷을 말한다는 것인데
사자(使者)란
죽은 사람을 저승으로 잡아가는
귀신을 말한다는 것인데
그리하여 적의사자란
죽은 사람을 저승으로 잡아가는
붉은 옷을 입은 귀신을 말한다는 것인데

적의사자라고 불리는
고추잠자리가
떼를 지어 있었다
입추 지나 말복 무렵

뒤뜰 싸리나무숲에
붉은 꽃이 핀 것처럼 앉아 있었다

2
쇠죽 끓이는 연기 눈 매운
부슬비 내리는 여름 저녁나절
싸리나무숲 적의사자들
부슬비에 붉게 젖어 가고
쇠죽 끓이는 아이
눈망울도 붉게 젖어 갔다

"눈 매운 연기는 착하고 예쁜 아이에게로만 따라 간단다."
 누군가에게 들은 이야기가 떠올랐지만
 뒤뜰 싸리나무숲 적의사자들
 무수히 잡아다가
 정체 모를 날짐승의 공격으로
 어미 아비를 잃은

핏덩이 어린 제비 새끼에게
먹잇감으로 주어야만 했던 눈망울이

오월

오월
담 아래

오월 장미
담 타고 있다

유월이 오기 전
담 넘자고

오월의 담을

섣달그믐 밤

창문 밖에는
한겨울 눈발이 내리고 있다

완벽한 난방을 갖춘
개별난방 아파트
모처럼 온 가족이 둘러앉은
섣달그믐 밤

연탄가스가 무서워
창문을 열어 놓고 살아야 했던
젊은 날
단칸 셋방살이 이야기가 나오고

뒤늦게나마 이 조그마한
아파트를 장만한 것이
참으로 다행스럽다는
안도의 이야기도 나오고

어느덧
칠십 나이 된 나는
섣달그믐 밤
아파트 가장이 되어

창문 안에서
한겨울 눈발을 내다보고 있다

하찮은 이슬비

이젠 자야지
한 잠 자고 나면
내 들창 가를 기웃거리는 저 이슬비도
조금은 잊혀지겠지

내가 언제 제대로
무엇하나 그리워할 수 있었던가
마음 줄 시간들은
밤샘 노동에 녹아나고

빌어먹을 놈의 가난한 시심은
언제나 진땀으로 얼룩진 내 노동에
한 가닥 꿈으로 박혀
내 낮잠들을 마냥 설쳐 놓았지

죽으나 사나 운명 지어진
단칸방의 습기 찬 벽면에
한평생 목을 매버린

처질 대로 처져버린 벽시계의 낡은 추

한 조각의 그리움마저 떨쳐 버린 채
상투적 흔들림으로
그리운 벗 하나 되어보자
위협질을 해대고

하찮은 이슬비에 나는 잠 못 이루고

헛간

그 마음을
내 알지

아무것도 없는 것처럼
속 훤히 보이는

그 마음

칠십 년

칠십 년을 살아오면서
대부분 내 뜻대로 살았다

모든 이에게
죄를 졌다

시인의 산문

천지간 만물에 대한 사랑법

소리쟁이들

 삶의 동지 아내는 그들을 보고 "지긋지긋하다"며 머리를 절레절레 흔들었다. 나는 그들을 보고 "이처럼 지독한 건 처음 본다"며 몸서리를 쳤다. 우린 그런 그들과 두 차례에 걸쳐 사생결단의 대결을 펼쳤다. 그 대결은 한번 붙었다 하면 보름 이상 지속되었다. 우린 공격자가 되어, 주로 아침과 저녁나절에 그들을 집중적으로 공략했다. 햇볕이 뜨거운 한낮에 그들을 공격한다는 것은 무리였으며 무모한 짓이었다. 전쟁이나 다름없는 대결을 두 번에 걸쳐 달포 정도 치렀다. 한 차례는 노동예술제를 앞두고 치렀으며, 또 한 차례는 마친 후 치렀다.
 그들의 방어망은 견고하고 튼튼했다. 그 무엇보다 그

들의 수는 가늠할 수 없을 정도로 많았다. 반면 공격자인 우린 단 두 명이었다. 숫자에서부터 열세였다. 공격하다가 이내 지치곤 했다. 그들은 노동문학관 앞뜰 45도 경사지에 심어 놓은 1천5백 그루의 영산홍 사이사이에 진을 치고 있었다. 영산홍을 심기 전 인부들이 제거 작업을 했음에도 건재하게 남아 있었다.

"꼼꼼하게 작업한다고 했지만, 미처 캐내지 못한 뿌리가 엄청나게 많을 겁니다."

그들은 인부들의 예상을 여실히 증명하고 있었다.

경사지는 2년 전 여름, 60년 만에 전국적으로 쏟아진 기록적인 폭우 속에서 노동문학관을 건축하면서 무너져 내릴까 봐 노심초사했던 곳이다. 당시 나는 경사지의 붕괴를 막기 위해 부직포와 비닐 등으로 겹겹이 덮어 놓았었다. 그들이 무성하게 군락을 이룬 곳은 붕괴의 위험이 없다고 판단되어 제외했다. 폭우가 멈추고, 건축도 마친 가을날에 나는 그들의 여문 씨를 받아 경사지 전면에 골고루 뿌렸다. 지난해 봄 그들은 뿌린 씨에서 뿌리를 내려 싹을 틔우고 기존의 뿌리에서 잎을 피웠다. 엄청나게 번식해서 여름날 폭우에 경사지를 지켜주길 바란 내 기대에 부응했다.

지난 3월 초 나는 4월 30일부터 5월 2일까지 노동문학관에서 개최한 노동예술제를 앞두고 경사지에 영산홍을 심기로 했다. 관람객들에게 봄꽃이 만발한 좀 더 아름다운 노동문학관 경내를 보여주고 싶었다. 경사지에 영산홍이 뿌리를 내려 제대로 자리를 잡으면 폭우로 인한 붕괴 우려도 그들이 자리 잡고 있는 것보다 훨씬 나아질 것이란 확신도 섰다.

계획대로 지난 3월 중순, 경사지에 영산홍을 심었다. 그들과의 본격적인 대결은 그로부터 한 달쯤 지난 4월 중순에 시작되었다. 제대로 자리를 잡지 못한 영산홍 사이사이에 그들이 우후죽순처럼 솟아나기 시작했다. 성장 속도가 유난히 빠른 그들에 경악했다. 그대로 내버려 두면 머지않아 그 기세로 어린 영산홍을 뒤덮어 버릴 것이었다.

낫과 칼로 그들의 잎을 베고 잘랐다. 그러나 그들은 며칠이 지나자 보란 듯이 잘린 곳에서 새싹을 다시 냈다. 경사지에서 그들의 존재를 아예 없애기로 했다. 그들의 뿌리를 캐어 뽑아냈다. 오랜 세월 터줏대감으로 살아왔다는 것을 증명하듯, 팔뚝 굵기의 뿌리를 1미터 가까이 땅속 깊이 내린 것도 있었다. 이들을 뽑아내기 위해 영산홍을 들어냈다가 다시 심었다. 그렇게 노동예술제 개최 전과 후에 서너 바지게를 뽑아내어 노동문학관 어귀 풀

섶에 버렸다.

"미용실에서 들은 말인데 글쎄 그들 뿌리가 머리를 빠지지 않게 하고 굵게 한다네. 말려서 끓인 물로 감으면 좋대요."

요즘 부쩍 심하게 빠지는 내 머리카락을 보고 건네는 삶의 동지 말에 갈퀴와 소쿠리를 챙겨 들고 그들을 버린 곳을 찾아갔다. 버린 무더기를 갈퀴로 헤집으며 발견한 그들의 놀랍도록 경이로운 모습에 나는 벌어진 입을 냉큼 다물지를 못했다. 그들은 햇볕에 말라비틀어진 뿌리에서 새싹을 틔우고 있었다. 심지어는 썩어 문드러져 가는 뿌리에서도 새싹을 틔우고 있었다.

그들을 소쿠리에 고이 담았다. 담으며, 나는 만감의 눈물을 흘렸다. 그들의 모습에 민중의 삶이 한없이 클로즈업 오버랩되어 눈물이 나왔다. 앞으로 그들과 대결하지 않기로 굳게 다짐했다. 다시는 경사지에 남아 있는, '소리쟁이들'과 대결하지 않을 것이다.

>그 생김새가 아주 작고
>볼품이 없는 것이어서
>금방 어떻게 될 것처럼
>보이는 것일지라도

뿌리 깊은 돌멩이는

쉽게, 뽑힘을 당하지 않는다
쉽게, 굴림을 당하지 않는다

제아무리 세찬 빗줄기라 해도
제아무리 거센 바람이라 해도
—「뿌리 깊은 돌멩이」 전문

구속

  날은 저물고 어두어졌다. 어둠도 짙어져 깊어졌다. 그 깊이가 자정 즈음 되자 어김없이 강아지 얼룩이가 심야 울음을 울기 시작했다.
  "울지 마라. 오늘은 제발 너의 슬픔이 씻은 듯 사라져 울지 않길 바란다."
  나의 간절한 바람에 아랑곳하지 않는 얼룩이의 울음이, 어둠에 기울이는 내 귀에 화살처럼 날아와 꽂혔다.
  나는 반사적으로 노동문학관 숙소 창문을 가렸던 블라인드를 황급히 올렸다. 어둠에 점령당했으나, 구속되지 않기 위해 필사적으로 저항하는 얼룩이의 울음을 수색했다. 그러나 짙은 어둠 속에서 전조등 없는 내 두 눈은 번번이 수색에 실패했다. 다만, 낮에 보았던 얼룩이의 모습을 떠올리며 울음소리의 원근감과 방향을 가늠해 얼룩이의 울음이 현재 어느 지점에 있는가를 추정해 보았다.

얼룩이의 울음은 자정 무렵부터 새벽 세 시경까지 며칠째 지속되었다. 숨가쁘고, 자지러지고, 외롭고, 슬펐다. 그렇게, 자신의 거처가 있던 곳을, 이웃집 탱자나무 울타리 근처를, 노동문학관 앞 버스 길을, 버스 길 건너 공장 마당가를 배회했다.

지난 5월 초, 어느 날 새벽 5시 경이었다. 무언가 폭발하는 굉음에 화들짝 잠을 깼다. 평생 처음 들어 본 엄청난 굉음이었다. 그 굉음에 노동문학관 건물이 순간 요동쳤다. 창문 방충망들이 뒤틀려 일부 모서리가 틀에서 벗어났다. 전시장의 전시물이 바닥으로 떨어졌다. 밖으로 뛰쳐나가 보니 인근 외딴집이 화염에 휩싸여 있었다.

"참으로 안타까워요. 어머니와 아들이 우리 교회 교인이에요. 두 분 다 우울증과 조현병을 앓고 있었어요. 증세가 더 심한 아들이 상담에서 말하기를, 시집간 누나가 찾아와서 관리를 잘해 주겠다며 통장을 자신에게 맡기라 했대요. 이번이 두 번째라며 누나의 구속을 받기 싫다고 하소연했어요. 이번엔 정말 화가 나 죽고 싶다고 했었는데, 글쎄 홧김에 어머니 몰래 저녁에 가스레인지 줄을 가위로 끊어 놓고 잠들었다가, 새벽에 일어나 그걸 깜빡 잊고 라면을 끓이려고 점화했대요. 아들은 큰 병원으로 이송 중 사고 5시간 만에 사망하고 어머니는 중환자실에 있대요."

마을 교회 전도사의 애통해 하는 전언이었다.

외딴집 강아지였던 얼룩이를 처음 알게 된 건 1년 6개월 전이었다. 저녁 산책길에 외딴집 근처를 지나치려는데 접근하지 말라는 듯 짖어댔다. 멀뚱멀뚱 바라보기만 하는 또 다른 강아지 흰둥이와 달리 기세등등했다. 삶터를 한순간에 가스 폭발 화재 사고로 잃은 얼룩이와 흰둥이는 껌딱지처럼 항상 함께 붙어 다녔다. 모든 것을 잃어버렸지만 의기소침하지 않고 활달했다. 마을로, 들로, 산으로, 점차 활동 반경을 넓혀갔다. 그런데, 며칠 전부터 흰둥이는 보이지 않고 얼룩이만 보였다.

"참으로 안 됐기도 하지. 끔찍하게도 그 하얀 강아지가 며칠 전 저녁때 버스 길에서 차에 깔려 그 자리에서 죽었대요."

탱자나무 울타리 집 어르신의 말에 그 진위를 알게 되었다. 얼룩이의 심야 울음도 그때부터 시작되었다는 것을 새삼 인지하게 되었다.

외롭고 배고픈 얼룩이에게 우선 밥을 주어야겠다는 생각이 들었다. 가까운 곳에서 건 먼발치에서 건 얼룩이가 보이면 사료와 물을 챙겨 들고 갔지만, 도망쳐 버리곤 했다. 10여 미터 거리를 두고 사료와 물그릇을 놓아주고 물러나 보았다. 그러나 거들떠보지도 않았다. 그 와중에도 얼룩이의 심야 울음은 계속 되었다. 며칠 후, 먹이를 완강하게 거부하던 얼룩이가 멀찌감치 놓아주고 온 사료와 물을 먹기 시작했다. "얼룩아!" 부르면 가던 길을 멈추고 쳐다보기도 했다. 그날 이후 얼룩이의 심야 울음은 멈추었다.

어디에서 어떻게 지냈는지 꼬박 하루 만에 나타난 얼룩이에게 이제까지 해온 방식으로 사료와 물을 주었다. 종일토록 굶었을 것 같아 평상시보다 두 배의 양을 주었다. 그리고, 멀찌감치 물러서서 지켜보았다.

"지난 24시간 동안 어디에 있었니?"

"배탈이 날 수 있으니 허겁지겁 먹지 말고 천천히 물 마시며 먹어라!"

"이제 맘 편히 노동문학관에서 살아가렴."

이러한 구속을, 밥을 주는 나로부터, 당하지 않는 얼룩이의 식사를.

　화분에 심겨졌지만,

대지의 삶을 포기하지 않은
　　화초

　　화분이 감당하지 못할 정도로
　　자라고 자라

　　 화분에 금이 가게 하고 있네
　　　　　　　　　　　　　―「화초」전문

'자존'과 '존재'

　얼룩이가 이 세상을 영원히 떠났습니다. 지난 7월 22일 내포뉴스에 실린 제 칼럼 「화초」에 등장한 얼룩이입니다. 어젯밤 잠을 못 이루며 살아나길 기원한 강아지입니다. 치료되면 노동문학관으로 데려오려 맘먹었던 강아지입니다.
　지난 5월 초 가스 폭발 사고로 주인과 거처를 잃은 떠돌이 강아지입니다. 동무가 되어 함께 떠돌던 강아지 흰둥이가 버스 길에서 트럭에 깔려 죽은 후 홀로된 강아지입니다.
　무섭고, 외롭고, 배고픈 극한의 처지에도, 세상에 구속

당하지 않으려 한 당당한 강아지입니다. 지난 3개월 동안 구속당하지 않으려는 그의 '자존'과 '존재'를 최대한 배려해서, 멀찌감치 밥을 놓아주고 물러났던 강아지입니다. 며칠 전 동물 보호 단체에 연락해 도움을 요청했으나 충남에 지부 등이 없다는 이유로 신속한 구조 조치가 안 된 강아지입니다.

어제 오후, 송고 마감일이 임박한 원고 작성을 마무리하고 노동문학관 주변의 폭우 상황을 살폈습니다. 건물 좌우와 뒤를 살피고 앞마당으로 온 순간, 문학관 앞 버스 길가에 주차해 둔 대형 트레일러 아래서 고통스러운 강아지의 신음 소리가 폭우 속을 뚫고 끊어질 듯 들려왔습니다.

황급히 달려가 보니 얼룩이가 꼼짝 못하고 신음하며 쓰러져 있었습니다. 그동안 줄곧 10m 이상의 거리를 유지하던 얼룩이가 가까이 다가가도 일어나지도 못하는 것을 보고 크게 다친 것을 직감했습니다. 상태를 보아 사고를 당한 지 꽤 시간이 흐른 것 같았습니다. 읍사무소와 119에 긴급 구조 요청을 한 후 흐르는 빗물 속의 얼룩이를 종이 박스를 깔아 놓은 곳으로 조심히 옮겨 놓고 우산을 받쳐 주었습니다. 그 순간 무언가 간절한 얼룩이의 눈빛과 마주쳤습니다.

"얼룩아, 조금만 견디어라. 너를 구조하는 분들이 오고 있다."

　머리와 등을 쓰다듬어 주었습니다. 얼룩이가 제게 처음으로 곁과 손길을 허락한 순간입니다.

　구조대를 기다리는 1시간 남짓한 시간이 1년만큼 길게 느껴졌습니다.

　"선생님, 이 아이가 계속 살아갈 수 있도록 해 주세요."

　구조팀에게 얼룩이의 사연을 말해 주었습니다. 얼룩이가 살던 집의 가스 폭발이 워낙 큰 사고여서 구조 일행도 인지하고 있었습니다.

　"최선을 다하겠지만, 크게 다쳐 병원에서 치료비가 많이 나올 수도 있습니다. 결정 사항을 신고자님께 말씀드리겠습니다."

　그렇게, 파란만장한 떠돌이 강아지 얼룩이는 자신이 떠돌던 구역을 떠났습니다.

　"얼룩아! 꼭 살아야 한다. 기도할게. 전능과 평안과 위로의 하나님, 얼룩이와 동행해 주세요."

　오늘 아침 구조원으로부터 연락을 받았습니다. 병원 진찰 결과 골반과 다리, 척추 등 네 곳의 뼈가 부러지고, 하체 신경 마비가 와서 의료진과 관계자들의 의견으로 안락사를 시켰답니다. 구조대가 오는 동안 곁에서 보살피는 나에게 거울 같은 눈망울을 보여준 얼룩이가 자꾸

눈에 밟힙니다. 자신의 운명을 예견한 듯한, 한없이 맑고, 선하고, 그 무엇보다 무엇인가 간절한, 그 눈망울이, 글을 쓰는 이 순간 소리 없는 눈물을 흘리게 합니다.

"얼룩아! 진즉 노동문학관으로 와서 살았으면 이 지경이 되지 않았잖아."

사경을 앞두고 있는 얼룩이에게 참으로 못된 말을 했습니다. 얼룩이가 자신의 목숨과도 바꾸지 않으려 한, 얼룩이의 '자존'과 '존재'를 무참히 밟아버린 못된 말입니다.

일제 강점기 대한민국에 저지른 온갖 만행에 대해 진정한 사죄 없이, 적반하장으로 양국 관계 정상화를 위한 선행조건으로 이것저것 요구하는 일본의 날강도 폭력배 짓과 다름없는 말입니다. 오늘은 제77주년 8·15 광복절입니다. 세계에 대한민국의 '자존'과 '존재'를 공고히 해야 할, 그리하여 진정한 일제 해방과 광복이 되어야 할 날입니다. 얼룩이에게 진심으로 사죄합니다.

 만들어진 사냥터엔
 사육된 사냥감들이 살아간다
 몰이꾼을 위해서
 언제든 포위되고
 사냥꾼을 위해서
 언제든 죽어주는

사육된 사냥감들이 살아간다

사냥감이라는
사실도 모르는 사냥감들이

그저,
피둥피둥 살찌며 살아간다
　　　　　　　　　　―「만들어진 사냥터」 전문

사랑하는 네가 있기에

2025년 11월 12일 초판 1쇄 펴냄

지은이 _ 정세훈
펴낸이 _ 양문규
펴낸곳 _ 詩와에세이

신고번호 _ 제2017-000025호
주　　소 _ (30021)세종특별자치시 조치원읍 충현로 159, 상가동 107-1호
대표전화 _ (044)863-7652
팩시밀리 _ 0505-116-7653
휴대전화 _ 010-5355-7565
전자우편 _ sie2005@naver.com
공 급 처 _ 한국출판협동조합
주문전화 _ (02)716-5616
팩시밀리 _ (031)944-8234~6

ⓒ정세훈, 2025
ISBN 979-11-91914-96-2 (03810)

* 지은이와 협의하여 인지는 생략합니다.
* 이 책 내용의 전부 또는 일부를 재사용하려면 반드시 지은이와
  詩와에세이 양측의 동의를 받아야 합니다.
* 책값은 뒤표지에 표시되어 있습니다.